LA PIÑATA
THE PIÑATA

selección y arreglos / *selected and arranged by*
RITA ROSA RUESGA

ilustraciones / *illustrated by*
SOLEDAD SEBASTIÁN

SCHOLASTIC INC.

New York Toronto London Auckland
Sydney Mexico City New Delhi Hong Kong

ESTIMADOS AMIGOS,

Una vez más les traemos canciones hispanas tradicionales para toda la familia. Dondequiera que estén, en la escuela, el parque, una fiesta de cumpleaños o arropaditos en la cama, podrán romper esta piñata de música y juegos que los llenará de alegría.
Con la letra y la música de las canciones, hermosas ilustraciones y hasta acordes para guitarra, además de un enlace que les permitirá bajar las canciones interpretadas por mí, espero que este libro los acompañe siempre. ¡Que comience la fiesta!

Rita Rosa Ruesga

DEAR FRIENDS,

We bring you a second set of traditional songs in Spanish for the whole family. Wherever you are, be it at school, at a birthday party, at the park, or tucked in bed, you'll be able to hit this piñata full of music and games and be happy.
It includes lyrics, music notation, guitar chords, and beautiful illustrations, plus a link to a site that will let you download the songs sung by me. I hope this book stays with you forever. Let the party begin!

Rita Rosa Ruesga

Existen varias versiones de las canciones que aparecen en este libro. Algunas veces la diferencia está en una palabra o dos, pero otras veces se trata de toda una estrofa. Si usted conoce una versión diferente de una canción específica que aparece en este libro, lea o cante esa versión con sus hijos. La traducción al inglés de las canciones no siempre es literal.

There are several versions of each of the songs included in this book. The difference can be a word or two, or an entire stanza. If you know a different version than the one included here, read or sing that one with your child. The English translation isn't always literal. We have tweaked it here and there so that it can be sung.

CANCIONES 🎪 SONGS

Dale, dale, dale.

No pierdas el tino.

Porque si lo pierdes,

pierdes el camino.

Ya le diste una.

Ya le diste dos.

Ya le diste tres.

Y tu tiempo se acabó.

Hit it! Hit it! Hit it!

Don't lose your aim!

Because if you lose it,

you lose the way.

You hit it once.

You hit it twice.

And then once more!

And your time is up.

4

Uno de los juegos más populares en las fiestas de cumpleaños en Latinoamérica es el de la piñata, que, llena de colores, espera colgando del techo a que los niños la rompan. Con los ojos vendados, los niños de la fiesta, uno a uno, golpean la piñata hasta que esta se rompe y una lluvia de dulces y confeti cae del cielo. ¡Qué divertido!

Breaking the piñata is one of the most popular birthday games in Latin America. Full of colors and hanging from the ceiling, the piñata awaits being hit by the children. One by one, they step up to the piñata with eyes covered up and hit it until it breaks, making candy and confetti rain from the sky. So much fun!

Esta canción acompaña el juego de "A la rueda rueda", en el que los niños hacen una ronda, se toman las manos y dan vueltas mientras cantan la canción. Al final de la misma, todos se agachan. Es un juego muy popular entre pequeñines.

This song puts a game in motion as the kids lock hands, form a circle, and sing. When the song ends, everybody squats down. It's a very popular game among toddlers.

A la rueda rueda

de pan y canela.

Dame un besito

y ve para la escuela.

Si no quieres ir,

acuéstate a dormir.

Ring around and sing,

cinnamon and bread.

Kiss me, little one,

before you go to school.

If you don't want to go,

then go to sleep.

Estas son las mañanitas

que cantaba el rey David,

y hoy por ser tu cumpleaños,

te las cantamos así:

Despierta, mi bien, despierta,

mira que ya amaneció.

Ya los pajarillos cantan,

la luna ya se metió.

These are the dawns

that King David sang about,

and since it is your birthday,

we are going to sing them our way:

Wake up, my dear, wake up,

look out, it is sunrise.

Little birds are gladly singing,

the moon has gone to sleep.

Esta es una canción clásica mexicana que se canta en los cumpleaños, aniversarios y otras fiestas especiales. En el momento de cortar el pastel, todos los amigos y familiares se reúnen para entonar esta hermosa canción.

This is a classic Mexican song, always sung at birthdays, anniversaries, and other special celebrations. When the cake is about to be cut, family and friends gather around to sing this lovely tune.

LAS MAÑANITAS
THE DAWNS

Es - tas son las ma - ña - ni - tas que can - ta - bael rey Da -
These — are — the dawns — that King Da - vid sang a -

vid, yhoy por ser tu cum - ple - a - ños, te las can - ta - mos a -
bout, and — since it is your birth -day, weare going to sing them our

sí: Des - pier - ta, mi bien, des - pier - ta, mi -
way: Wake up, my — dear — , wake up, look

ra que yaa - ma - ne - ció. Ya los pa — ja - ri - llos can - tan, la lu - na ya se me - tió.
out, it — is sun - rise. Li - ttle birds — are glad -ly sing - ing, the moon has gone — to sleep.

Debajo de un botón, ton, ton,

que encontró Martín, tin, tin,

había un ratón, ton, ton,

ay, que chiquitín, tin, tin.

Ay, que chiquitín, tin, tin,

era aquel ratón, ton, ton,

que encontró Martín, tin, tin,

debajo de un botón, ton, ton.

Underneath a button, ton,

that Martín has found, found, found,

there was a mouse, mouse, mouse,

oh, how tiny it was, was, was.

Oh, how tiny it was, was, was,

tiny, tiny, mouse, mouse, mouse,

that Martín has found, found, found,

underneath a button, ton.

10

De origen español, esta canción es también un trabalenguas. Cuando la cantamos, podemos expresar con las manitos lo que ocurre en la canción o usar tres deditos para representar a Martín, el botón y el ratón. También se puede ir apresurando el tempo de la misma para hacerla mucho más divertida.

Originally from Spain, this song is also a tongue twister. When sung, we can use our hands to show what is being told, or we can use three fingers, one for Martín, one for the button, and one for the mouse. Another fun way of singing it is speeding up the tempo as you go along.

De - ba - jo deun bo - tón, ton, ton, queen-con-tró Mar -tín, tin, tin, ha - bí - aun ra-
— Un -der -neath a but- ton, ton, that Mar - tín has found,found,found, there — was a

tón, ton, ton, ay, que chi-qui - tín, tin, tin. Ay, que chi-qui - tín,tin, tin, e -raa-quel ra-
mouse, mouse, mouse, oh, how ti -nyit was, was, was. Oh, how ti -nyit was, was,was, ti - ny, ti - ny,

tón, ton, ton, queen-con-tró Mar - tín, tin, tin, de - ba - jo deun bo - tón, ton, ton.
mouse, mouse, mouse, that Mar - tín has found, found, found —, un - der - neath a but - ton, ton.

11

Qué linda manito que tengo yo.

Qué linda y qué bella que Dios me la dio.

Qué linda manito tiene mi nené.

Mueve la manito que Dios se la dio.

What a cute little hand I have.

Cute and beautiful hand that God gave me.

What a cute little hand my baby has.

Wave the little hand God gave you.

Los bebés de toda Latinoamérica han sido arrullados por sus mamás con esta canción. Los padres usualmente la usan para enseñarles a los niños a saludar. En muchos países la canción cuenta con varias estrofas.

Babies from all over Latin America have been put to sleep with this song. It can also be used to teach children how to wave. In many countries, the song has several more stanzas.

La cucaracha, la cucaracha,

ya no puede caminar,

porque le falta,

porque no tiene,

la patica principal.

Loca la cucarachita,

se puso a dar cuatro saltos,

y cayó desde tan alto,

que ha perdido la patica.

La cucaracha, la cucaracha,

ya no puede caminar,

porque le falta,

porque no tiene,

la patica principal.

The cockroach, the cockroach,

cannot walk anymore,

because she's missing,

because she's missing,

one of her little legs.

Crazy little cockroach,

tried to jump four times,

and she fell down so hard,

that she lost her little leg.

The cockroach,

the cockroach,

cannot walk anymore,

because she's missing, because she's missing,

one of her little legs.

LA CUCARACHA
THE COCKROACH

Esta canción se originó en la Revolución Mexicana. Los soldados usaban la palabra "cucaracha" para burlarse de los enemigos o los desertores. El estribillo es mundialmente conocido hoy en día, aunque la connotación militar se ha perdido.

This song originated during the Mexican Revolution. The soldiers used the word "cucaracha" (cockroach) to make fun of enemy soldiers or deserters. The chorus is well-known all over the world, but the military connotation has been largely lost.

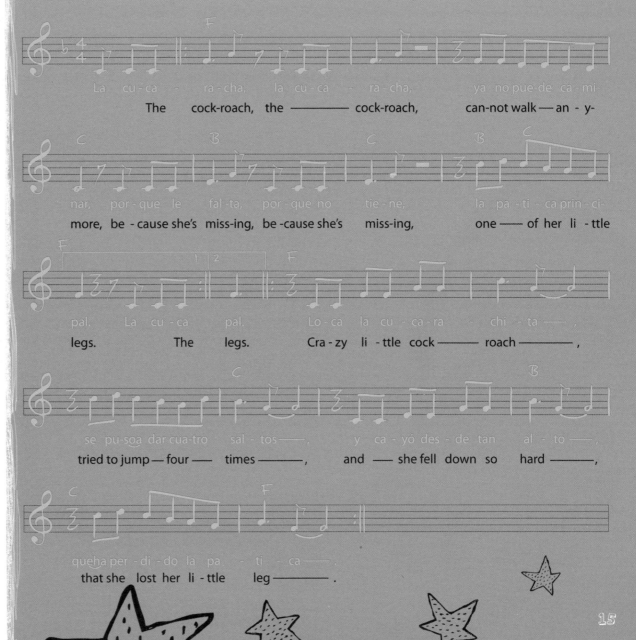

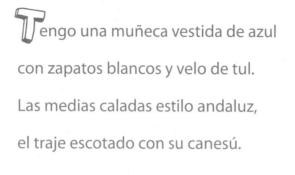

Tengo una muñeca vestida de azul

con zapatos blancos y velo de tul.

Las medias caladas estilo andaluz,

el traje escotado con su canesú.

La llevé a paseo y se me enfermó,

la acosté en la cama con mucho dolor.

Esta mañanita me dijo el doctor,

que le dé jarabe con un tenedor.

Dos y dos son cuatro,

cuatro y dos son seis.

Seis y dos son ocho

y ocho dieciséis.

I have a doll dressed in blue

with white shoes and tulle veil.

She also wears Andalusian socks,

and a low-cut dress with its bodice.

I took her for a walk and she suddenly got sick,

I laid her on the bed, she was in pain.

Early in the morning the doctor told me,

to give her medicine using a fork.

Two plus two equals four,

four plus two equals six.

Six plus two equals eight,

plus eight, sixteen.

TENGO UNA MUÑECA
I HAVE A DOLL

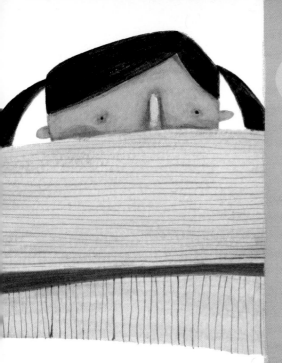

Todas las madres les enseñan a sus hijas esta hermosa canción española, ideal para jugar con las muñecas o cuando se sale a pasear.

Every mother teaches her daughters this beautiful Spanish song, perfect for playing with dolls or going out for a walk.

Ten-gou - na mu - ñe-ca ves-ti - da dea - zul
I —— have a —— doll dressed ———— in blue

con za - pa - tos blan-cos y ve - lo de tul. Las me - dias ca-
with —— white —— shoes —— and ———— tulle ———— veil. She —— al - so

la - das es - ti - loan - da - luz, el tra - jees-co - ta - do con su
wears —— An - da - lu - sian socks, and a low - cut dress —— with ——

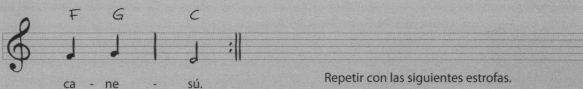

ca - ne - sú.
its bo - dice.

Repetir con las siguientes estrofas.
Repeat with the other verses.

17

En un bosque de la China, una china se perdió,

como estaba perdido, nos encontramos los dos.

Era de noche, y la chinita, tenía miedo, miedo tenía de andar solita.

Anduvo un poco, y se sentó, junto a la china, junto a la china, me senté yo.

Y yo que sí, y ella que no, y yo que sí, y ella que no.

Al cabo fuimos, al cabo fuimos, al cabo fuimos de una opinión.

In a forest in China, a Chinese girl got lost,

since I was also lost, the two of us met.

It was night, and the little Chinese girl was scared, was scared to walk alone.

She walked for a while, and then sat down, next to the Chinese girl,

next to the Chinese girl, I sat down.

And I said yes, and she said no, and I said yes, and she said no.

At the end, at the end, at the end, we made a deal.

Esta es una canción española que cuenta la historia de una niña de China. Una de las particularidades de esta canción es que en su melodía se puede apreciar la diferencia entre una tonalidad mayor (alegre) y una tonalidad menor (triste).

This Spanish song tells the story of a Chinese girl. Pay attention and you'll be able to tell the difference between a major key (happy) and a minor key (sad).

Luna lunera, cascabelera,

cinco pollitos y una ternera.

Sal solecito, caliéntame un poquito,

por hoy, por mañana y por toda la semana.

Moon, Moonie, tinkle moon,

five little chicks and a calf.

Come out, little sun, warm me a little,

today, tomorrow, and the rest of the week.

20

Esta es una vieja y muy famosa canción de cuna. En muchos países latinoamericanos la letra de la canción es diferente, pero la melodía es siempre la misma. La frase "Luna lunera, cascabelera" ha sido usada por muchos compositores y escritores en otras canciones y poemas.

This is a very famous and very old lullaby. The lyrics change from country to country, but the melody is always the same. The phrase "Luna lunera, cascabelera" has been included in songs and poems by many composers and writers.

Caballito blanco, llévame de aquí,

llévame a mi pueblo donde yo nací.

Tengo, tengo, tengo, tú no tienes nada,

tengo tres ovejas en una cabaña.

Una me da leche, otra me da lana,

otra mantequilla para toda la semana.

Little white horse, take me away,

take me to the town where I was born.

I have, I have, I have, you have nothing,

I have three sheep in a cottage.

One gives me milk, another gives me wool,

and another butter for the whole week.

Esta es una famosa canción chilena. Es muy rítmica y alegre, y los niños aprovechan esto para subirse a las rodillas de sus padres y simular que van a caballo. También forman círculos y dan vueltas trotando.

This is a famous song from Chile. It's a very rhythmic and happy song, and kids like to climb up to their parents' knees and pretend to ride a horse while singing it. They also lock hands in a circle and trot around.

CABALLITO BLANCO · LITTLE WHITE HORSE

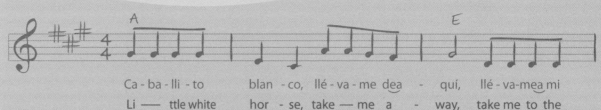

Ca - ba - lli - to blan - co, llé - va - me dea - quí, llé - va - mea mi
Li — ttle white hor - se, take — me a - way, take me to the

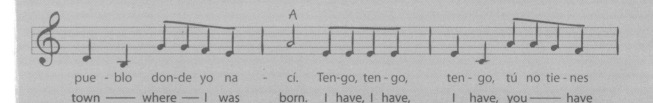

pue - blo don-de yo na - cí. Ten-go, ten-go, ten-go, tú no tie - nes
town — where — I was born. I have, I have, I have, you — have

na - da, ten go tres o - ve - jas en u-na ca - ba - ña. U - na me da
no - thing, I — have three sheep — in — a co - ttage. One — gives me

le - che, o - tra me da la - na, o - tra man - te - qui - lla pa - ra to - da la se - ma - na.
milk—, a-no-ther gives me wool —, and a - no - ther bu - tter for —— the whole week—.

Arroró, mi niño, arroró, mi amor,

arroró, pedazo de mi corazón.

Este niño lindo que nació de día

quiere que lo lleven a la dulcería.

Este niño lindo que nació de noche

quiere que lo lleven a pasear en coche.

Duérmete, mi niño, duérmete, mi amor,

duérmete, pedazo de mi corazón.

Arroró, my baby, arroró, my darling,

arroró, little piece of my heart.

This beautiful baby was born in the morning,

he wants to go to the sweets shop with me.

This beautiful baby was born at night,

he wants to go for a ride.

Go to sleep, my baby, go to sleep, my darling,

go to sleep, little piece of my heart.

Entre todas las canciones de cuna en español, esta es la más popular. Muchas madres acostumbran dormir a sus pequeños todas las noches con esta hermosa canción.

This might be the best-known lullaby of the Spanish language. All mothers have put their little ones to bed with this beautiful song.

Torticas, torticas, torticas de manteca,

para mamá, que le da la teta.

Torticas, torticas, torticas de cebada,

para papá, que no le da nada.

Shortbread, shortbread, shortbread made of butter,

for his mom, who nurses him.

Shortbread, shortbread, shortbread made of barley,

for his dad, who gives him nothing.

Una divertida canción que los padres cantan para enseñarles a sus hijos a aplaudir. Esta conocidísima melodía es ideal para los pequeñines de unos pocos meses.

A fun song that parents sing to teach babies how to clap. The well-known tune is perfect for babies just a few months old.

Tor - ti - cas, tor - ti - cas, tor - ti - cas de man - te - ca, pa - ra ma-
Short —— bread ——, short-bread ——, short-bread made of bu - tter, for his mom,

má, que le da la te - ta. Tor - ti - cas, tor - ti - cas, tor - ti - cas de ce-
who —— nur - ses him —— . Short - bread—, short - bread ——, short - bread —— made of

ba - da, pa - ra pa - pá, que no le da na - da.
bar - ley, for —— his dad, who —— gives him no - thing.

Pito Pito Colorito,

¿dónde vas tan tempranito?

A la acera verdadera.

¡Pim, pom, fuera!

Pito Pito Colorito,

¿dónde vas tan tempranito?

De la casa a la escuela.

¡Pim, pom, fuera!

Pito Pito Colorito,

where are you going so early?

To walk on the sidewalk.

Pim, pom, out!

Pito Pito Colorito,

where are you going so early?

To school from my house.

Pim, pom, out!

Se juega formando un círculo en el que quedará un niño o una niña en el centro. Mientras se canta la canción, el niño o la niña apuntará con el dedo hacia cada uno de los jugadores. El jugador que coincida con el dedo al terminar la canción tomará el lugar del niño o la niña que estaba en el centro.

One child is chosen to stay inside and the others form a circle. As the song is sung, the child in the center points to the others one by one. When the song ends, the player who is pointed at last will replace the child in the center and the song will start all over again.

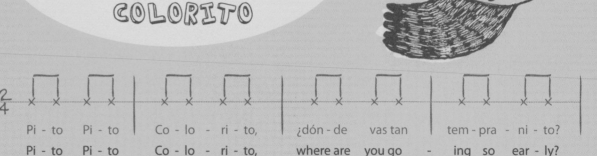

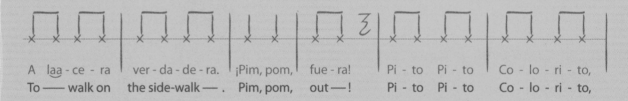

Pi - to   Pi - to   Co - lo - ri - to,   ¿dón - de   vas tan   tem - pra - ni - to?
Pi - to   Pi - to   Co - lo - ri - to,   where are   you go -   ing so   ear - ly?

A laa - ce - ra   ver - da - de - ra.   ¡Pim, pom,   fue - ra!   Pi - to   Pi - to   Co - lo - ri - to,
To — walk on   the side-walk — .   Pim, pom,   out —!   Pi - to   Pi - to   Co - lo - ri - to,

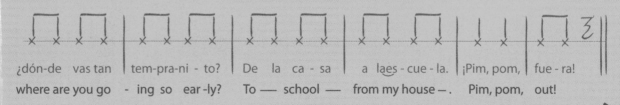

¿dón-de vas tan   tem-pra-ni - to?   De la ca - sa   a laes - cue - la.   ¡Pim, pom,   fue - ra!
where are you go   - ing so ear -ly?   To — school —   from my house — .   Pim, pom,   out!

29

Antón, Antón,

Antón Pirulero,

cada cual, cada cual,

que atienda a su juego.

Y si no, y si no,

una prenda tendrá que pagar.

Antón, Antón,

Antón Pirulero,

each and every one

shall know their game.

If not, if not,

a garment you must pay.

Para jugar, los niños se sentarán formando un círculo y comenzarán a cantar la canción dando palmas. Cuando lleguen a la parte que dice "atienda su juego", cada niño reproducirá mediante mímica un oficio que haya elegido. Si no lo hace a tiempo, tendrá que pagar una prenda o se retirará del juego.

The kids sit in a circle and clap as they sing. When they reach "know their game," each one acts out a task or a job of their choice. Those who can't come up with a task on time forfeit a small item, like an earring, a watch, or a shoe, or leave the game.

Rita Rosa Ruesga nació en Cuba y se graduó de Dirección Coral en La Escuela Nacional de Arte de La Habana, Cuba. Rita Rosa creó Musikartis, un programa bilingüe para enseñar música, y trabaja como productora musical y maestra de canto. Fue nominada para los premios Latin Grammy en 2009 y 2010.

Rita Rosa Ruesga was born in Cuba and holds a degree in choral conducting from the Escuela Nacional de Arte, Cuba. Rita Rosa created Musikartis, a bilingual music curriculum, and works as a music producer, teacher, and voice coach. She is a 2009 and 2010 Latin Grammy nominee.

Soledad Sebastián nació en Chile. Estudió Diseño Gráfico en la Universidad Tecnológica Metropolitana de Santiago de Chile. Soledad ha participado en diversas exposiciones, ha enseñado talleres para niños y adultos y, actualmente, se dedica a ilustrar revistas y libros infantiles.

Soledad Sebastián was born in Chile. She studied graphic design at the Universidad Tecnológica Metropolitana, in Santiago de Chile. Soledad has shown her work in many group exhibits, has taught art workshops for children and adults, and is currently an illustrator for magazines and children's books.

A Anthony y Julián /
To Anthony and Julián
-R.R.R.

A Juan Pablo /
To Juan Pablo
-S.S.

ISBN 978-0-545-41995-6

Text copyright © 2012 by Rita Rosa Ruesga
Illustrations copyright © 2012 by Soledad Sebastián
All rights reserved. Published by Scholastic Inc.
SCHOLASTIC, SCHOLASTIC EN ESPAÑOL, and associated logos are trademarks and/or registered trademarks of Scholastic Inc.

12 11 10   16 17/0

Printed in the U.S.A.   40
First printing, July 2012